R. P. HUGOLIN, O. F. M.

L'Etablissement des Récollets

DE LA PROVINCE DE SAINT-DENIS

A PLAISANCE

EN L'ILE DE TERRE-NEUVE

1689

QUEBEC

—

1911

R. P. HUGOLIN, o. f. m.

L'Etablissement des Récollets

DE LA PROVINCE DE SAINT-DENIS

A PLAISANCE

EN L'ILE DE TERRE-NEUVE

1689

QUEBEC

—

1911

ETABLISSEMENT DES RECOLLETS

DE LA PROVINCE DE SAINT-DENIS
A PLAISANCE, EN L'ILE DE TERRE-NEUVE

1689

En 1689, l'Ile de Terre-Neuve était une possession vivement disputée entre l'Angleterre et la France. Lieu de pêche, Anglais et Français y avaient établi, les premiers à l'est, les seconds au sud, des établissements et des comptoirs, plus considérables sur le littoral anglais. De ce côté, Pemquid était la capitale ; du côté français, Plaisance, où se concentraient les forces françaises à Terre-Neuve. En 1660, un nommé Gargot avait reçu le gouvernement de ce poste, où son despotisme le fit remplacer en 1672 par M. de la Poype, lequel eut pour successeur en 1685 M. Parat ; c'est sous le gouvernement de celui-ci que fut établie la mission des Récollets.

Plaisance était situé sur la baie de ce nom, baie magnifique, large de 60 milles, profonde de 90, semée d'îles et peuplée de poisson, avec un port facile à fortifier et une grève capable de sécher le poisson de milliers de vaisseaux ; le brouillard, fréquent sur les côtes de l'Ile, y était à peu près inconnu. Ajoutez à cela les charmes d'un paysage grandiose, et nous comprendrons que les Français aient donné à cet endroit le nom de Plaisance. [1] Au sommet d'un rocher de plus de cent pieds d'élévation était bâti le fort Saint-Louis, où logeait depuis 1687 une garnison de vingt-cinq hommes sous les ordres d'un commandant, qui était en 1689 M. Pastour de Costebelle. Celui-ci partageait un peu l'autorité avec le gouverneur, et au spectacle des conflits suscités par cette dualité de pouvoir, on songe involontairement aux rivalités si fréquentes entre gouverneurs et intendants dans la Nouvelle-France. Le récollet Sixte le Tac qui, ainsi qu'on le verra, passa à Plaisance en 1689 et décrivait ce lieu l'année même de sa visite, [2] complète les quelques notions précédentes :

Quoyqu'il en soit de la primauté de cette découverte [de Terre-Neuve], il est constant que toutes les nations de l'Europe y viennent librement à la Pesche. Les François hantent principalement le costé du sud, où ils ont

---

[1] D'après un manuscrit du Dr Mullock, cité par Mgr Howley, *Ecclesiastical History of Newfoundland.* Boston, 1888, p. 128. Sur Plaisance *cf.* aussi Ferland, *Cours d'histoire*, t. I, pp. 250 et suiv.

[2] Sixte le Tac, *Hist. chronologique.* Notes de l'éditeur, M. Réveillaud, au pied des pages 32 et 34.

trois ou quatre endroits fort commodes pour sécher la morüe qu'ils peschent sur des bancs qui sont le long de Terreneuve, scavoir Plaisance, la baye des Trépassés, celle de tous les Saincts, les Iles Saint-Pierre. Plaisance qui est dans un détroit est le plus considerable ; il y vient tous les ans 50 ou 60 navires qui s'en retournent chargés de Poisson ; une cinquantaine d'habitants qui s'y sont établis l'hyver [1] la préparent autant qu'ils peuvent & le vendent aisément. L'isle n'est point propre à faire du grain, les vaisseaux pescheurs leur apportent des farines, du biscuit & touts leurs besoins [2].

Outre Plaisance, il y avait alors huit autres établissements français sur la côte ; le recensement de Terre-Neuve de 1691 les énumère avec le chiffre de leur population respective ; ce sont : Pointe-Verte, Petit Plaisance, Iles Saint-Pierre [3], Lissardie, Baie de Fortune, Grand Banc, Hâvre Bertrand, l'Hermitage. La population totale en tout et partout n'était en 1691 que de 48 hommes, 27 femmes et 75 enfants, y compris Plaisance ; ce dernier endroit à lui seul comptait en 1691, 17 hommes, 14 femmes, 55 enfants [4] ; la garnison n'est pas comprise dans ces chiffres.

Y avait-il un missionnaire à Plaisance avant l'établissement des Récollets en 1689 ? Il y avait sûrement un aumônier pour le fort, il semble qu'il y eût aussi, du moins depuis un an, un prêtre pour le service des habitants. En effet, le roi ordonne, le 24 mars 1688, le passage d'ecclésiastiques à Terre-Neuve [5] ; par ailleurs, dans une lettre

---

[1] " Nous ne sommes pas très sûr d'avoir bien lu ce mot du manuscrit qui a été ajouté par l'auteur dans l'interligne." Note de l'éditeur, M. Réveillaud.

[2] Sixte le Tac, *Hist. chron.* pp. 30-31.

[3] Aujourd'hui Saint-Pierre et Miquelon.

[4] *Archives de la Marine*, Paris. Les documents des archives de la marine que je citerai fréquemment, ne sont pas les originaux, mais les copies qu'en possède la Bibliothèque du Parlement d'Ottawa, classées d'après le volume 3e de la 3e série des manuscrits énumérés au catalogue de la Bibliothèque du Parlement de 1858.

[5] *Rap. des arch. féd.*, 1899, Richard. *Expéditions du Canada.* Série B.— Vol. 15., p. 273 du rapport.—Cet " Ordre du Roy " se lit comme suit :

A Versailles, le 24 mars 1688.

ORDRE DU ROY
pour faire passer un Ecclésiastique en Terreneuve.

De par le Roy

Il est ordonné à...
Capitaine du navire le...
de toucher a la Baye de Plaisance dans l'Isle de Terreneuve en allant en Canada pour y laisser les Ecclesiastiques que le Sr Evesque de Quebec y envoye pour servir les cures de ladite Isle, et ce sous peine de desobeissance.

Fait etc. [Pas de signature]

Ce document de la Coll. Moreau St-Mery paraît n'être qu'un duplicata de l'ordre signifié au capitaine dont le nom est ici laissé en blanc. Mgr de Saint-Vallier était alors en France, recrutant des prêtres pour le Canada, et préparant son départ pour Québec, où il arriva le 31 juillet de cette année 1688.

au ministre, en date du 4 septembre 1689, le gouverneur de Plaisance écrit : « Je vous assure, Monseigneur, que *deux séculiers*, un à la grave et l'autre au fort, il y en *avait* ce qu'il fallait... [1]» Peut-être, mais la mission était précaire. Pour y assurer la permanence du service divin, Mgr de Saint-Vallier, à la veille d'entreprendre un second voyage en Acadie, résolut d'ériger cette mission en paroisse et de la confier aux Récollets, ainsi que l'aumônerie du fort. Les difficultés que pouvait susciter ce dernier point du programme aplanies par une lettre du cachet du roi qui rappelait l'aumônier actuel, [2] Mgr de Saint-Vallier adressa au commissaire-provincial des Récollets à Québec, ainsi qu'aux deux religieux destinés à la fondation de Plaisance, les Pères Sixte le Tac et Joseph Denis, les lettres patentes pour cet établissement. Le texte de ces lettres, rédigées en latin, n'a pas encore que je sache été publié, sinon en version anglaise ; [3] en voici la traduction française, faite sur l'original.

JEAN, etc......

A nos frères bien-aimés Séraphin Georgemé, gardien du couvent des Récollets de N.-D. des Anges près Québec, et aux autres religieux de cette communauté destinés comme missionnaires à l'île de Terre-Neuve, salut dans le Seigneur.

Comme l'exige de nous la sollicitude pastorale, nous allons partir dans peu de jours pour visiter les contrées les plus reculées de notre diocèse et principalement l'île appelée Terre-Neuve. Voulant pourvoir au salut et à l'avancement spirituel des habitants de l'île et de tous les étrangers qui y abondent chaque année, nous avons résolu de vous adjoindre à nous comme compagnons de notre voyage et de nos labeurs. Ce faisant, notre dessein est que vous ayez, dans le village appelé Plaisance, un hospice ou même un couvent afin que vous puissiez plus facilement travailler au salut de ces peuples. Mais, comme pour l'érection d'un tel hospice ou couvent vous avez besoin de la permission et du roi et de l'évêque, permission que, du reste, vous demandez humblement, nous, par les présentes, autant qu'il est en nous, nous vous accordons pleinement et irrévocablement toute permission devant émaner de l'évêque. Il vous sera donc permis, en vertu et après réception de cette lettre, de construire dans le susdit village un hospice ou un couvent avec les ressources que vous fourniront de pieux bienfaiteurs, et vous pourrez y mener une vie conforme à la règle et aux coutumes de votre Ordre. En outre, autant que nous pouvons l'accorder et que vous le permettent les statuts de votre Ordre, nous voulons que la chapelle déjà construite dans le susdit village, les vases sacrés destinés au culte divin, ainsi que les vêtements sacerdotaux que vous y trouverez lors de votre visite, soient à vous pour tout le temps que vous y résiderez. Vous pourrez, avec notre approbation ou avec celle de nos vicaires généraux, comme il convient exercer le saint ministère, tant parmi les fidèles que parmi les infidèles demeu-

---

[1] *Archives de la Marine.* Lettre de M. Parat.

[2] *Arch. de la Marine.* Lettre de M. Parat, du 29 juillet 1689.

[3] Mgr Howley, *Ecclesiastical Hist. of Newfoundland.*

rant soit dans le village soit dans les lieux voisins. Nous désirons aussi que la faculté que nous vous octroyons vous serve à obtenir l'autorisation royale, autorisation que Sa Majesté très chrétienne, comme nous l'espérons, vous accordera sans difficulté.

Cependant la susdite permission ne vous est accordée de notre part qu'à la condition que vous soyez toujours prêts à exercer la charge pastorale soit par vous-mêmes soit par d'autres religieux de votre Ordre envoyés par le gardien ou tout autre supérieur du couvent de N.-D. des Anges près Québec, et munis auparavant de notre approbation ou de celle de nos vicaires généraux. Enfin, désirant vous venir en aide dans une œuvre si utile au salut des âmes, nous avons décrété de confier et donner à votre Ordre ladite paroisse de Plaisance érigée déjà ou encore à ériger par nous. Jusqu'ici la desserte de cette paroisse n'avait pas encore été confiée à un pasteur stable, car ni mon illustre prédécesseur ni nous, n'en avions établi en ce lieu. C'est pourquoi, par les présentes, autant qu'il est en notre pouvoir et moyennant l'autorisation du St-Siège, nous confions et unissons à votre Ordre et déclarons confiée et unie ladite paroisse de Plaisance à condition toutefois qu'un religieux déterminé, approuvé par nous ou par nos vicaires généraux, et présenté par le R. P. Gardien ou tout autre supérieur de N.-D. des Anges près Québec, réside dans ledit hospice ou couvent pour y exercer la charge pastorale. Mais en tout ceci, nous ne voulons léser en quoi que ce soit l'autorité dudit Gardien sur ses sujets. Nous désirons en outre que vous puissiez recevoir les aumônes du roi et les dons de personnes charitables, et nous vous accordons les dîmes et autres offrandes. En foi de quoi nous vous transmettons les présentes lettres, signées de notre main, munies de notre sceau et contresignées par notre secrétaire. Québec, l'an mil six cent quatre-vingt-neuf, le vingt trois du mois d'avril. 1

Jean, évêque de Québec.

Les Récollets, aussi bien que l'évêque, escomptaient donc la confirmation royale pour l'établissement de Plaisance. Il est probable que cette autorisation fut accordée dès 1689 ; en tout cas, en mars 1692, Louis XIV confirmait aux Récollets tous leurs établissements présents et futurs du Canada, de l'Acadie et Terre-Neuve, y compris nommément ceux de Plaisance et des Iles Saint-Pierre, où ils étaient aussi établis. 2

En vue de son voyage projeté avec les Récollets, Mgr de Saint-Vallier fréta, le 19 janvier 1689, un navire commandé par le capitaine Lallemant. Le contrat, passé devant le notaire Genaple, indiqué à la table comme se trouvant au greffe de ce notaire, aux archives judiciaires de Québec, n'y est pas ; il en a été distrait. M. J.-Edmond Roy, qui avait une copie authentique de ce contrat, 3 n'a malheureuse-

---

1 Archives de l'Archevêché de Québec. *Registre* A. — Traduction obligeamment faite par notre confrère, le Père Victorin.

2 Sixte le Tac, *Hist. chron.* Appendices, p. 240.

3 *Cf. Bulletin des Recherches historiques*, novembre 1895, p. 163.

ment pu la retrouver, malgré son désir de m'être agréable. Après tout, cette lacune au greffe de Genaple importe assez peu ; on n'imagine pas en effet que dans ce contrat Mgr de Saint-Vallier expose son projet de fondation des Récollets à Plaisance...

Nos voyageurs—l'évêque, les pères Sixte le Tac et Joseph Denis, sans doute aussi le frère Didace, et au moins un prêtre séculier— s'embarquèrent donc à Québec, au printemps de 1689, assez tôt pour arriver à Plaisance le 21 juin, comme nous l'apprend une lettre du gouverneur de Plaisance au ministre, en date du 29 juillet 1689 :

« M. L'Evêque de Québec est arrivé ici le 21 juin et en est parti le 21 du courant. Il m'a remis une lettre de cachet du Roi avec un ordre pour faire embarquer l'aumônier de ce lieu. Je l'exécuterai ponctuellement. Il a établi deux récollets pour curé et aumônier et m'a prié de vouloir payer à ces pères le reste des appointements de l'aumônier de la présente année, ce que j'ai fait d'abord quoique je n'aie pas de nouvelles s'ils ont été payés en France ou envoyés comme je m'étais donné l'honneur de vous le demander, mais il me semble qu'il est rude de ne point avoir d'aumônier au fort car ils se sont logés à la grave pour leur commodité et il nous faut passer l'eau. » [1]

C'est en effet sur la grève que s'établirent les Récollets. Le 7 septembre, leur syndic de Plaisance, M. Pastour, commandant du fort, signait le contrat d'acquisition [2], pour la somme de 1,200 livres, de la maison, de la grave, des quatre barques et de l'installation de pêche d'un habitant du lieu, George Jougla, dont la santé ne pouvait s'accommoder du climat de Terre-Neuve, et qui retournait en France [3]. Jougla cédait la pleine possession et libre jouissance du tout, comme il l'avait eue lui-même, « à la réserve de ce qu'il a accordé à mon dit Seig^r le Gouverneur par un billet du dernier may » de 1689. J'ignore de quelle nature était cette réserve. Le lendemain, 8 septembre, le gouverneur ratifiait le contrat [4]. D'après le même M. Parat, la moitié des 1,200 livres fut payée avec « les charités » faites aux Récollets de Plaisance [5], ce qui prouve assez que leur établissement était agréable aux habitants ; il l'était moins au gouverneur, ainsi qu'on le va voir.

Le terrain des Récollets était adossé au nord à l'église, et à l'est

---

[1] *Archives de la Marine.*

[2] En voir le texte dans les appendices à l'*Hist. chron.* de Sixte le Tac.

[3] *Archives de la marine.* Lettre de M. Parat, du 4 septembre 1689.

[4] Addition au contrat.

[5] *Archives de la marine.* Lettre de M. Parat du 4 septembre 1689.

touchait à l'échaffault [1] du gouverneur ; la maison [2] des Récollets était elle-même devant cet échaffault [3].

Avant même que l'acquisition ne fût faite, M. Parat l'annonçait au ministre, le 4 septembre, et s'en plaignait :

Le Père Sixte le Tac s'en va en France. Il vous dira que j'ai fait beaucoup de difficulté dans le dessein qu'ils ont d'anclore pour la commodité publique. La grave est rare et faute de grave je manque d'avoir davantage d'habitants... [4]

Les graves étaient rares, dit M. Parat. Cela s'accorde assez mal avec ce que nous avons vu plus haut, que les graves de Plaisance pouvaient sécher le poisson de milliers de barques. Il faut reconnaître pourtant que le déplaisir que ressentait le gouverneur de voir convertir les graves en jardins, il l'étendait aux habitants aussi bien qu'aux Récollets [5]. Par ce qu'il ajoute dans sa lettre du 4 septembre se montre mieux le bout de l'oreille :

Je vous assure, Monseigneur, que deux séculiers, un à la grave & l'autre au fort, il y en avait ce qu'il fallait, & même M. l'Evêque n'a esté qu'un prestre à St-Pierre. Vous scavez que les Religieux ne sont jamais contents & qu'ils ont toujours des pierres d'attente. Ils disent que ayant achepté la place, il est loisible à eux d'en faire à sa volonté, mais l'inthérêt du tiers sauve, & de la manière qu'ils acheptent & payent il est facile d'acquérir.

Vraiment ! mais l'acquisition n'avait-elle pas été régulière ? et que veut donc perfidement insinuer M. Parat sur le mode d'achat et de paiement ? La mauvaise humeur est évidente contre l'établissement des Récollets, qu'il associe dans sa rancune vouée à Mgr de Saint-Vallier.

L'évêque en effet, durant le mois entier qu'il passa à Plaisance pour mettre sur pied la fondation des Récollets et visiter peut-être les postes de la côte, avait eu le courage de forcer le gouverneur à renvoyer la femme d'un habitant, avec laquelle il vivait en concubinage. *Inde iræ*. M. Parat en voulut à M. Pastour, qu'il accusait

---

[1] Sorte de treillis en fil de fer ou en branches de sapin, sur lequel les pêcheurs étendent la morue pour la faire sécher.

[2] Une *cabane*, dit M. Parat dans sa lettre du 4 septembre. Cabane était le nom qui désignait les maisons des pêcheurs, sans doute à cause de leur chétive apparence, peut-être parce qu'elles étaient construites provisoirement, pour les besoins de la pêche.

[3] D'après la description faite au contrat d'acquisition.

[4] *Archives de la Marine.*

[5] *Collection de manuscrits relatifs à l'hist. de la N. F.* Mémoire de M. Parat, de 1686. I, p. 384.

de l'avoir dénoncé à l'évêque, il garda rancune à l'évêque lui-même, et son ressentiment s'étendit aux Récollets.

Une lettre de M. Pastour au ministre, du 18 septembre 1689, nous révèle assez bien les divers aspects de la situation :

Je vous dirai, Monseigneur, que M. Parat ne sachant rien moins que le métier de l'emploi où la fortune l'a mis, toutes choses lui fesant ombrage et particulièrement ma personne parcequ'il souhaiterait bien de n'avoir point des témoins de ses actions dans un pays aussi éloigné que celui-ci m'a traité le plus indignement du monde, à la porte d'une église. m'ayant donné un démenti avec plusieurs autres injures que j'ai cru, Monseigneur, devoir souffrir à moins que je n'eusse voulu me perdre, quelle bonne cause que j'eusse pu avoir, et si vous voulez que je vous apprenne une partie du sujet pourquoi je vous dirai, Monseigneur, que ce n'a été qu'à cause d'un banc que M. l'Evêque m'a permis de mettre dans l'église, comme il aurait pu faire à un simple particulier et à vous dire la vérité, tout cela n'est provenu que de ce que M. l'Evêque lui a ôté cette femme mariée qu'il entretenait, qu'il l'a beaucoup mortifié sur sa manière de vivre et dont il a cru que j'en étais la cause, comme si un chacun ne s'était mis à crier contre lui dès que M. l'Evêque fut arrivé, et le plus grand point de tout cela, Monseigneur, c'est parceque j'ai assisté de ma caution les révérends pères Récollets que M. L'Evêque a mis en ce pays ne l'ayant fait qu'à sa prière et de ma personne étant mineurs sur l'achat qu'il leur a fallu faire d'une habitation pour leur couvent 1 , et comme ces bons pères lui font beaucoup d'obstacle en bien des choses ils n'ont pas été exempts non plus que moi de ses brusqueries jusque dans l'église, ainsi que vous l'apprendrez par le Supérieur que vous verrez à Versailles [2].

L'année suivante 1690, M. Parat, à qui le roi avait à reprocher, outre le scandale de son concubinage et des injustices, [3] la prise de Plaisance par les Anglais dont je parlerai bientôt, était rappelé, le 23 juin, [4] et remplacé par M. de Brouillan. Les provisions de nouveau gouverneur étaient datées du 1er juin, [5] mais ce n'est pas avant le mois de septembre que M. Brouillan se rendit à Plaisance. que son prédéceseur venait à peine de quitter.

Le ministre plaça, le 1er avril 1692, le gouverneur de Plaisance

---

1 Ces quelques dernières lignes seront à peu près intelligibles pour ceux qui voudront bien se souvenir que les Récollets appartiennent à l'Ordre des *Frères Mineurs*, lesquels, d'après leur règle franciscaine, n'ont le droit ni *d'acquérir* ni de *posséder* ; un *syndic, au nom du Souverain Pontife*, leur est substitué pour ces fins.

[2] *Archives de la Marine.*—Cf. Rap. sur les arch. féd., 1899, Richard. *Coll. Moreau Saint-Mery*, vol. 4, F. Lettre du ministre à M. Parat, 8 mars 1688 (p. 81 du rapport).

[3] *Rap. sur les arch. féd.*, 1899. *Ibidem.* Lettres du ministre à M. Parat, du 19 novembre 1687 et du 8 mars 1688.

[4] *Rap. sur les arch. féd.*, 1899. Expéditions du Canada, Série B.—Vol. 15, 1690, p. 277 du rapport.

[5] *Ibidem*, p. 277.

sous l'autorité du gouverneur de Québec, M. de Frontenac, et lui signifiait en même temps qu'au cas de plaintes contre les Récollets il eût à s'adresser à l'évêque de Québec [1] ; Terre-neuve se trouva donc pour ainsi dire annexé, tant pour le civil que pour le spirituel, à la Nouvelle-France.

Je présume que les relations furent plus cordiales entre le nouveau gouverneur et les Récollets, car en 1694 probablement—la confirmation royale est du 22 mars 1695 [2] — M. de Brouillan cédait aux religieux un terrain pour agrandir leur résidence et ouvrir un cimetière. De son côté, Mgr de Saint-Vallier, écrivant le 15 octobre 1693 au Définitoire des Récollets de la Province de Saint Denis, déclarait anx pères définiteurs que le gouverneur et les habitants de Plaisance lui paraissaient avoir « une grande estime et affection » pour leurs pères. [3]

Mais revenons en arrière, pour assister à l'installation des Récollets à Plaisance. Le père Sixte le Tac avait été nommé supérieur [4] de la mission ; Mgr de Saint-Vallier en établit le père Denis curé avec le titre et l'office de vicaire général [5]. Tout étant réglé, l'évêque quitta Plaisance le 21 juillet sur le vaisseau qui l'avait amené de Québec, pour se rendre d'abord aux Iles Saint-Pierre [6], et de là en Acadie. Un des Récollets—probablement le père Joseph—l'accompagna aux Iles Saint-Pierre [7]. M. Parat, afin de protéger l'évêque contre les forbans anglais, le fit escorter par M. Pastour avec un détachement de soldats. [8] Aux Iles Saint-Pierre, Mgr de Saint-Valier bénit une chapelle construite l'année précédente, et y laissa un prêtre séculier, amené de Québec [9]. Le dessein de l'évêque était de confier cette dernière mission aux Récollets, dès qu'ils pourraient y mettre des religieux ; cela arriva un an plus tard, ou même en 1692 seulement.

---

[1] *Rap. sur les arch. féd.*, 1899, Richard. *Coll. Moreau Saint-Mery*, vol. 5, F. Page 86 du rapport.

[2] *Rap. sur les arch. féd.*, 1889, Richard. *Coll. Moreau Saint-Mery*, vol. 5, F. P. 89 du rapport.

[3] Sixte le Tac, *Hist. chron.* Appendices.

[4] *Arch. de la Marine.* Lettres de M. Parat, du   septembre 1689, et de M. Pastour, du 18 septembre 1689.

[5] D'après l'abbé H.-R. Casgrain, dans le *Bulletin des Recherches Historiques*, novembre 1895, p. 163. J'ignore sur quel document précis l'abbé Casgrain fonde cette assertion. Son article *loc. cit.* est écrit d'après la correspondance des gouverneurs de Terre-Neuve.

[6] *Arch. de la Marine.* Lettre de M. Parat du 29 juillet 1689·

[7] *Ibidem.*

[8] *Ibidem. Cf.* aussi l'abbé Casgrain, *Bul. des R. H.*, nov. 1895, *loc. cit.*

[9] Abbé Casgrain, *Ibidem.—Arch. de la Marine.* Lettre de M. Parat, du 4 sept. 1689.

Tandis que Mgr de Saint-Vallier continuait sa route vers l'Acadie, M. Pastour, les soldats et le récollet étaient ramenés à Plaisance sur un bâtiment de 12 tonneaux, équipé et armé à cet effet par M. Parat. Ce vaisseau apportait aussi à Plaisance du pain, qui était fort rare en cet endroit [1]. Ceci se passait dans la première partie du mois d'août. Le contrat d'acquisition de la maison des Récollets se signait le 7 septembre, et quelques jours plus tard le père Sixte le Tac s'embarquait pour la France [2]. Il y portait des lettres de Mgr de Saint-Vallier à la Cour et au provincial des Récollets, à qui le prélat demandait instamment des religieux pour les missions du Canada, et spécialement pour Terre-Neuve et les Iles Saint-Pierre, où il fallait immédiatement, exposait-il, cinq ou six missionnaires [3].

Porter à Paris des lettres de Mgr de Saint-Vallier ne devait pas être le motif principal du voyage du père Sixte le Tac. N'y allait-il pas, en sa qualité de supérieur de la mission, exposer au ministre la conduite du gouverneur et ses vexations à l'endroit des Récollets ?

Il ne paraît pas que le père Sixte le Tac revint à Plaisance, et j'ignore s'il fut adjoint un confrère au père Joseph. M. Parat trouvait que deux séculiers, l'un à la grave et l'autre au fort, « il y en avait ce qu'il fallait. » M. Pastour était d'un avis contraire, et en accordant même que le père Joseph ait eu un compagnon après le départ du père Sixte le Tac, M. Pastour ne jugeait pas le nombre suffisant. Peu après le départ de M. Parat, en 1690, il écrivait au ministre, à la date du 1er septembre :

Comme je crois, Monseigneur, que M. Parat ayant quitté son gouvernement, je suis en droit de commander dans la place jusqu'à ce que le Roi y ait pourvu, je me vois obligé de vous instruire de plusieurs particularités et principalement de la nécessité qu'il y a pour la gloire de Dieu et le salut de plusieurs âmes qui ont vécu jusqu'à présent dans un grand aveuglement du christianisme de soutenir l'établissement des pères Récollets que Monsieur l'Evêque de Québec a mis en ce pays missionnaires. Vous ne sauriez croire, Monseigneur, le bien que cela ferait s'il y avait le nombre de trois ou quatre religieux à cause de l'éloignement de plusieurs habitants qui vivent pires que des Saùvages si on ne les va chercher pour les instruire [4].

L'année suivante, il revient à la charge :

.... Je finis par où j'aurais dû commencer qui est le spirituel pour lequel je crois qu'on ne saurait mieux faire que d'y maintenir l'établissement des

---

[1] *Arch. de la Marine.* Lettre de M. Parat, du 29 juillet 1689.
[2] *Ibidem.* Lettres de M. Parat, du 4 septembre, et de M. Pastour, du 18 sept. 1689.
[3] Abbé Casgrain, *loc. cit.*
[4] *Arch. de la Marine.*

révérends pères Récollets que Monsieur l'Evêque de Québec y a fait venir en en augmentant le nombre pour être en état de continuer les fruits qu'ils y ont déjà faits et pouvoir aller instruire des personnes qui vivraient pire que les Sauvages si on ne les allait chercher pour leur apprendre l'importance de leur salut [1].

Ces lettres de M. Pastour nous révèlent un peu les difficultés du ministère à Terre-Neuve. Nous le savons, les habitants étaient disséminés sur plusieurs points de la côte, où le missionnaire devait les visiter. Il y avait aussi par ci par là quelques Anglais ou huguenots à convertir ou à instruire. Les relations entre Anglais et Français provoquaient parfois de ces heureux événements. Ce n'est pas que ces relations fussent amicales. Je l'ai dit, Terre-Neuve était une possession vivement disputée entre les deux races, et son histoire, jusqu'à la cession de l'Ile à l'Angleterre en 1713, par le traité d'Utrecht, et son évacuation par les Français, n'est que l'histoire sanglante et douloureuse des rivalités, des entreprises sur terre et sur mer, des occupants sur les possessions de l'adversaire, auxquelles s'ajoutaient les attaques de forbans anglais et de Français renégats contre les postes français. La correspondance officielle des gouverneurs de Plaisance n'est pour ainsi dire pleine que de ces luttes, auxquelles la Cour n'accordait—comme d'ailleurs pour le Canada—pas suffisamment d'attention efficace pour les faire tourner toujours à l'avantage des colons français.

A l'époque de l'établissement des Récollets, il n'en allait pas autrement. Ainsi, au mois de février 1690, quarante-cinq flibustiers anglais surprenaient Plaisance. Le gouverneur et le commandant du fort furent pris au lit, et les soldats, alors dispersés, faits prisonniers et désarmés. Les habitants durent se rendre à discrétion pour empêcher le massacre des prisonniers, dont on les menaçait. Puis, tout ce monde fut enfermé dans l'église, pendant que les forbans pillaient maisons et magasins, et qu'ils s'emparaient des armes, des munitions et des vivres, dont ils chargèrent leur vaisseau. Ce n'est qu'à leur départ que les prisonniers furent relâchés, après une captivité de six semaines, au plus fort de l'hiver, dans une église sans feu, et avec la famine en perspective.

Les représailles ne se firent pas attendre. Le 20 mai 1690, le capitaine Lalande partait de Saint-Malo, à la tête de quatre vaisseaux, à destination du Chapeau-Rouge, sur la côte de Terre-Neuve. Arrivé là, il apprend le pillage de Plaisance. Il y porte aussitôt des secours

---

[1] *Ibidem.* La copie de cette lettre ne porte que la mention de l'année: 1691.

au gouverneur et aux habitants, puis, mettant à la voile sur le *Saint-François*, il court châtier les forbans. C'était le 13 du mois d'août ; trois jours après il arrivait à l'entrée du Torillon [*sic*] sur les côtes de la Nouvelle-Angleterre, repaire des flibustiers. Il force l'entrée du fort et va mouiller l'ancre entre un navire de guerre anglais de 24 canons qui était en rade, èt le château-fort. Le *Saint-François* résiste vaillamment à la double bordée de projectiles lancée du navire et du fort, et à son tour faisant feu de tous bords, il démantibule les fortifications avancées. Alors s'engage un feu nourri contre le château et le navire anglais. Le capitaine Lalande pointe lui-même le canon sur le vaisseau ennemi, avec tant de bonheur qu'il tue l'un après l'autre tous les officiers anglais ; après un combat de quatre heures il est maître du navire. Il y embarque une partie de ses hommes, et les deux vaisseaux pointent tous leurs canons contre la forteresse ; aussitôt un détachement débarque, qui de son côté vole à l'assaut du château et des maisons fortifiées, avec tant d'ardeur que les ennemis prennent la fuite. Lalande est maître de la place qu'il livre au pillage. Il avait eu 23 hommes tués ou blessés [1].

C'était très bien, mais ces représailles étaient le gage assuré d'une nouvelle vengeance de la part des flibustiers contre les Français de Terre-Neuve ! Les habitants de Plaisance ne se firent pas illusion, et tout en se réjouissant du coup d'éclat du brave Lalande, ils en appréhendèrent les suites. L'escadre du capitaine malouin ne serait plus là pour les protéger, et au besoin pour les venger. Le missionnaire de Plaisance, le père Joseph Denis, se fit l'écho de l'anxiété générale et adressa au ministre, le 29 août 1690, cette lettre poignante, qu'on ne lira pas sans émotion :

De Plaisance, ce 28 août 1690.

Vive Jésus et Marie.

Monseigneur.

Je me sens obligé comme missionnaire de Monseigneur de Québec en ce lieu de prendre la liberté de vous adresser ce petit mot pour vous supplier, Monseigneur, d'avoir pitié d'un pauvre peuple exposé à la furie de mille brigands et forbans anglais et rénégats qui, désolés par les frégates de Saint-Malo, sont répandus par toute cette île et ne menacent rien moins cette pauvre colonie que d'une destruction entière.

Nous avons tout sujet, Monseigneur, de l'appréhender par l'épreuve fâcheuse que nous en avons faite cet hiver dernier, et si après avoir été dépouillés de tout et un emprisonnement de six semaines dans l'église

---

[1] *Coll. de documents relatifs à l'hist. de la N. F.*, II, p. 16.

durant les plus grandes rigueurs de l'hiver, nous avons eu la vie sauve, ça a été contre la volonté des habitants anglais qui ne voulaient épargner que les femmes pour les emmener avec eux dans leurs habitations, mais Dieu qui ne veut pas la mort du pécheur n'a pas permis que les forbans fussent de leur sentiment !

Pour ce qui est de la manière dont les choses sont arrivées, non plus que d'autres désordres qui se sont passés ici, permettez-moi, Monseigneur, de me taire sur ce sujet, ne croyant pas qu'il soit permis à un pauvre religieux de Saint-François d'en prendre connaissance que pour y mettre la paix, et s'il ne le peut, d'en gémir devant Dieu et de lui offrir sans cesse ses vœux et sacrifices, afin qu'il vous inspire, Monseigneur, le remède nécessaire à tout ce que vous apprendrez par la personne de M. le Gouverneur qui a cru être obligé de s'en aller pour vous le faire connaître.

Je supplie donc Votre Excellence, par les entrailles de charité et de compassion de Notre-Seigneur et de sa Sainte Mère, d'avoir pitié de près de trente familles exposées non-seulement à la cruauté ordinaire des anglais, mais encore à l'inhumanité de misérables qui n'ont ni foi ni loi.

Excusez, Monseigneur, il n'en faut pas tant pour vous exciter à compassion, puisque naturellement vous êtes tout de bonté et de charité pour les pauvres misérables.

C'est dans cette confiance que nous attendons un prompt secours et soulagement avec le peu de force que nous avons, vous suppliant d'être persuadé que toute notre vie nous offrirons à Dieu nos vœux et nos prières pour la conservation de votre illustre personne et moi particulièrement, qui suis avec toutes sortes de respect dans l'amour de Jésus et de Marie,

> Monseigneur,
> Votre très humble et très obéissant serviteur.
> F. Joseph Denys, Récollet. [1]

La France envoya-t-elle les secours si instamment sollicités ? En tout cas, le roi rendit à Plaisance le bon service de lui envoyer un nouveau gouverneur, dans la personne de M. de Brouillan, qui n'était pas homme à se laisser surprendre au lit, comme son prédécesseur. Le capitaine Lalande, de son côté, avait remis le Fort Saint-Louis en état de défense, et l'on ne voit pas qu'il y ait eu d'entreprise contre Plaisance avant 1692, alors que le gouverneur de la Nouvelle-Angleterre en personne, Sir William Phips, à qui sa brillante équipée de 1690 devant Québec n'avait pas suffi, vint demander son reste à Plaisance, à la tête d'une escadre de cinq vaisseaux. Phips battit honteusement en retraite, repoussé par les canons du fort et une soixantaine de matelots basques. Son Guillaume d'Orange ne lui portait pas bonheur ; c'est encore en effet ce nom magique qu'il présentait à M. de Brouillan pour se faire livrer la place. Cela prit juste comme à Québec, deux ans plus tôt...... [2]

---

[1] *Arch. de la Marine.*
[2] Voir Ferland, *Cours d'histoire*, I, 253.

C'est peut-être de cette même année de 1692, et non 1690, qu'il faut dater une lettre pastorale de Mgr de Saint-Vallier aux habitants de Plaisance et des Iles Saint-Pierre. Voici d'abord la lettre avant la courte discussion qu'elle va provoquer.

JEAN, par la Grâce de Dieu et du Saint-Siège Apostolique, Evêque de Québec en la Nouvelle-France.

A nos Chers Enfants les habitants de Plaisance et des Iles Saint-Pierre, Salut et Bénédiction.

Je veux bien pour votre consolation, Mes Très Chers Enfants en Notre Seigneur, vous faire connaître par cette lettre que je ne vous oublie pas devant lui ; je crois ne pouvoir vous en donner une meilleure preuve qu'en vous témoignant que j'ai pris tous les soins du monde de vous ménager quelques bons Religieux Récollets pour aller demeurer avec vous ; comme je suis persuadé que nos misères temporelles ne viennent que du peu de soin que nous prenons à faire finir nos péchés, je vous prie par celle-ci de faire une véritable pénitence pour entrer dans l'esprit de l'Eglise et du Souverain Pontife que Notre Seigneur a voulu donner dans ce malheureux temps de guerre pour la consolation du monde chrétien ; disposez-vous donc, Mes Très Chers Enfants, à recevoir les grâces qu'il veut bien vous procurer par le Jubilé. Il n'est point de péché dont vous ne puissiez avoir la rémission, il n'est point de grâce abondante que vous ne puissiez recevoir. Je prie Notre Seigneur de vous consoler dans votre pauvreté présente en vous enrichissant de ses grâces et de ses dons, je le supplie de tout mon cœur de vous donner la sainte crainte de l'offenser et son saint amour : ce sont les vœux que je fais et que je continuerai de faire pour vous avec toute l'affection et toute la tendresse dont je puis être capable.

JEAN, Evêque de Québec. [1]

Cette lettre, comme d'ailleurs plusieurs autres de Mgr de Saint-Vallier, n'est pas datée. Par la place qu'elle occupe au registre manuscrit des actes épiscopaux, suivant immédiatement un acte du 16 décembre 1692, on en peut déjà déduire avec *probabilité* qu'elle est de 1692[2]. Son voisinage immédiat avec la lettre précitée du 16 décembre 1692, qui promulgue au Canada, en en fixant la date d'ouverture au 9 février 1693, le jubilé d'accession au souverain pontificat d'Innocent XII, élu pape le 12 juillet 1691, fortifie encore cette conclusion. En effet, on aura remarqué que, dans sa lettre aux habitants de Plaisance et des Iles Saint-Pierre, Mgr de Saint Vallier fait allusion à l'élection d'un nouveau pape et au jubilé qu'à cette

---

[1] Arch. de l'Archevêché de Québec. Registre A. Reproduit dans la Coll. des *Mandements des Evêques de Québec*, t. I, p. 288.

[2] Je dis avec *probabilité* seulement. C'est que plus d'une exception témoigne que dans ce registre des actes épiscopaux [Registre A], les pièces ne se suivent pas dans un ordre chronologique tellement rigoureux qu'il n'y ait pas d'exemple contraire.

occasion les fidèles du Canada comme de l'univers entier sont invités à gagner [1].

Pour ces motifs, et d'autres exposés ci-après, il me sera permis, je pense, de différer de sentiment avec l'abbé H.-R. Casgrain, qui fixe à l'année 1690 la lettre de Mgr de Saint-Vallier aux habitants de Plaisance et des Iles Saint-Pierre.

> En 1690, écrit-il, voulant prouver aux habitants de Plaisance et de Saint-Pierre qu'il ne les avait pas oubliés, il leur adressait une lettre pastorale pleine d'exhortations au bien, et il leur promettait des Récollets pour demeurer permanemment au milieu d'eux. [2]

Ces dernières paroles, et celles de Mgr de Saint-Vallier qu'elles rappellent, ne se dressent-elles pas contre la date de 1692 ? C'est bien en 1689, en effet, que l'évêque de Québec procure aux habitants de Plaisance un établissement de " bons Religieux Récollets." Eh bien ! non. Je trouve, au contraire, en cette allusion à l'établissement des Récollets un nouvel appoint en faveur de la date de 1692.

Rappelons-nous que des deux Récollets de Plaisance, le père Sixte le Tac était passé en France en 1689. Restait le père Denis. Or, d'après une source, de seconde main [3] il est vrai, le père Denis luimême aurait quitté Plaisance dès 1690, et se serait trouvé au siège de Québec cette année. Ces informations, peu sûres prises isolément, mais rapprochées des paroles de Mgr de Saint-Vallier et confirmées par le silence absolu qui se fait sur les Récollets de Plaisance, entre les années 1690 et 1692, m'inclinent à penser qu'effectivement les Récollets de Québec laissèrent ce poste vacant durant un an ou deux. Pour quels motifs ? Peut-être à cause des difficultés sans nombre, accompagnement inévitable d'une guerre sans fin, difficultés dont la lettre du père Denis plus haut citée nous fournit un exemple frappant ; peut-être surtout à cause du manque de sujets.

Or, Mr de Saint-Vallier, passé en France au printemps de 1691, s'y employa auprès des supérieurs de la Province de Saint-Denis à obtenir un plus grand nombre de religieux pour les besoins de l'Eglise canadienne. L'évêque avait en effet formé le dessein de faire participer les Récollets au service des missions et des paroisses dans une

---

[1] Chacun concluerait avec moi que cette allusion fixe, hors de toute contestation, à l'année 1692 la lettre aux habitants de Plaisance, si en 1689 n'était aussi monté sur le trône pontifical un pape, Alexandre VIII. Mais il ne paraît pas qu'à cette occasion il y ait eu de jubilé au Canada.

[2] *Bulletin des Recherches Historiques*, I, p. 164.

[3] Abbé Noiseux, *Liste chronologique.* Québec, 1834, p. 10.

mesure beaucoup plus large que ne l'avait fait Mgr de Laval. Dans cette vue et pour assurer aux établissements présents et futurs des Récollets toute la stabilité désirable, de concert avec les supérieurs de la Province il sollicita du roi des lettres-patentes confirmant tous ces établissements. Elles furent délivrées au printemps de 1692. Dès lors, assurée de la permanence des maisons qu'elle établirait au Canada, assurée aussi du bon vouloir de l'évêque et pour entrer dans ses vues, la Province de Saint-Denis fit passer dans la mission canadienne des religieux en plus grand nombre.

L'évêque de Québec, de retour au Canada en 1692, était désormais certain de ne pas manquer de Récollets pour ses missions, et il pouvait écrire aux habitants de Plaisance, comme à ceux des Iles Saint-Pierre—au service desquels, nous l'avons vu, l'évêque avait commis en 1689 un prêtre séculier jusqu'à ce qu'il pût leur donner des Récollets—il pouvait leur écrire, en témoignage qu'il ne les oubliait pas, ainsi qu'il le dit : "J'ai pris tous les soins du monde de vous ménager quelques bons religieux Récollets pour aller demeurer avec vous."

Mais il y a de l'abandon, vers 1690, puis de la reprise, en 1692, de la mission de Plaisance par les Récollets, une preuve plus convaincante encore s'il se peut.

Pendant son séjour à Paris en 1692, Mgr de Saint-Vallier, dans l'intérêt de son vaste diocèse, s'intéressa fort, on vient de le voir, en faveur des Récollets auprès de la Cour. Au cours des négociations pendantes, l'évêque ménagea entre les Récollets de Paris et M. de Lagny, «président de commerce et navigation de France,» une entrevue officielle le 17 mars 1692. Au secrétaire de la Province, député pour cette entrevue, M. de Lagny signifia les intentions du Roi pour les missions des Récollets au Canada. Sa Majesté ordonnait à ceux-ci, entre autres choses, « de fournir des Religieux aux isles de Plaisance et de St-Pierre, qu'ils y trouveront leur subsistance et que l'on fourniroit au reste pour l'établissement.» Au cours de la conversation le discours retomba sur Plaisance, et M. de Lagny exposa que si les Récollets avaient là « des gens intelligentes ils pourraient deffraïer le poisson d'une partie de la province, que le poisson ne s'y vendoit [que] six livres le quintal et que le Roy nous donneroit sauve les quatorze frans de drois par quintal, que l'on pourroit avoir le port gratis.» [1]

L'entrevue se termina par toutes sortes d'assurances de la protection du roi et par les offres les plus obligeantes envers les Récollets.

Sixte le Tac, *Hist. Chron.* Appendices, p. 238.

Or, je le demande, de quoi témoignent les ordres du roi et les belles paroles de M. de Lagny au sujet de Plaisance, sinon de l'abandon de ce poste par les Récollets, et du désir très vif de l'évêque et du roi de les y voir retourner ?

Et comme tout cela cadre bien avec ce passage de la lettre que l'évêque de Québec adressait aux Pères définiteurs de la Province de Saint-Denis, le 15 octobre 1693 : " Je suis bien ayse de vous remercier du soin que vous prenez de soutenir votre Mission de Plaisance. Je crois qu'elle vous donnera dans les suites de la satisfaction [1] ".

Est-ce qu'il ne perce pas dans ces paroles une allusion presque évidente à l'état précaire de la mission de Plaisance avant 1692 ? C'est à ce point que les Récollets songent à l'abandonner ; ils la quittent même pour un temps, mais sur les instances de l'évêque et la volonté du roi ils reprennent le fardeau avec un nouveau courage et un soin dont l'évêque les remercie ; et pour soutenir leur dévouement il leur exprime la confiance où il est que cette mission jusquelà ingrate leur donnera par la suite de la satisfaction.

Les Récollets de la Province de Saint-Denis desservirent Plaisance et les Iles Saint-Pierre jusqu'à l'année 1701, alors qu'ils y furent remplacés par les Récollets de Bretagne [2]. A la cession de Terre-Neuve aux Anglais, en 1713, ces religieux passèrent avec les habitants de Plaisance, la plupart Bretons comme leurs missionnaires, à l'Ile Royale [3].

Mon essai s'arrêtera ici. Je me suis donné pour objet de dire dans quelles circonstances s'est effectué l'établissement des Récollets de la Province de Saint-Denis à Terre-Neuve, et non de racouter l'histoire —pour brève et peu chargée soit-elle,—de cet établissement jusqu'en 1701.

---

[1] Sixte le Tacte, *Hist. chron.*, Appendices.

[2] AU SR DE MONIC

A Versailles, le 13 avril 1701.

« Le Roy a chargé le Provincial des Recolets de Bretagne d'envoyer à Plaisance trois Religieux de son ordre, sçavoir un pour faire les fonctions d'aumosnier dans le fort, et les deux autres de Curez des habitans. Sa Ma^{té} désire que vous les établissiez et que vous teniez la main à ce qu'on leur paye les retributions qu'ils ont accoutumé d'avoir, et à ce que la garnison et les habitans ayent pour eux les esgards qui sont deus a leur caractère ».
Rap. des Arch. féd., 1899, Richard. Coll. Moreau Saint-Méry, F. 275. Page 339 du rapport.

[3] *Arch. des Colonies*, B.-38, I. Lettre du Conseil de la marine à l'évêque de Bethléem, le 31 mars 1716.—*Rap. des Arch. féd.*, 1899, Richard, p. 488 du rapport.

Un fait digne de remarque, c'est qu'à la fin du XVIIIe siècle, lorsque, après une longue période d'interdiction par le fanatisme protestant, l'Eglise put envoyer des missionnaires à Terre-Neuve, ce furent encore des religieux de saint François qui furent choisis pour ces labeurs apostoliques. Ils vinrent d'Irlande, Terre-Neuve étant devenu pays de langue anglaise.

Et lorsque l'Eglise put établir un siège épiscopal à Terre-Neuve, c'est un Franciscain qui le premier l'occupa, et au cours du XIXe siècle, ses successeurs sur le siège de Saint-Jean furent presque tous pris dans l'Ordre de saint François.

POST-SCRIPTUM

Comme je livrais au directeur de la *Nouvelle-France* le manuscrit de cette étude, il m'apprit que d'après des notes sur les Missions des Pères du Saint-Esprit au Canada, à lui communiquées par le R. P. A. David, C. S. Sp., de Détroit, les Récollets auraient eu la mission des Iles Saint-Pierre dès l'année 1685. Grand fut mon émoi. Je m'empressai d'écrire sur ce sujet au R. P. David, qui me répondit avec la plus grande obligeance. Voici sa lettre en date du 16 octobre avec le document qui l'accompagne :

J'ai dit un mot, en effet, des Récollets, dans mes notes remises à M. Lindsay, mais je ne possède aucun document relatif à cette question.

Quant à la date de 1685, je l'ai tirée des notes manuscrites du R. P. Jérôme Schwindenhammer, conservées à Paris, aux archives du Séminaire du Saint-Esprit.

Le regretté Père Jérôme, décédé en 1899, était un annaliste patient et érudit. Il a consacré vingt ans à ses laborieuses recherches historiques concernant la Congrégation du Saint-Esprit et ses missions. Son travail forme un véritable monument d'au moins 30 volumes grand in-octavo de 500 pages, riche des plus curieux documents, avec les témoignages les plus irrécusables, les lettres des missionnaires eux-mêmes, et les archives du Ministère de la Marine et de notre Congrégation.

Malheureusement, comme nombre d'écrivains, l'auteur n'a pas toujours indiqué ses sources ; et c'est précisément le cas pour la question qui vous intéresse. Où le Père Jérôme a-t-il trouvé cette date ? Je l'ignore.

Ne pouvant donc mieux faire, et cela à mon grand regret, je dois me contenter de vous faire parvenir une copie du passage où il parle de la Mission des Récollets à Terre-Neuve et aux Iles Saint-Pierre et Miquelon. *Rogo te, habe me excusatum.*

On ne saurait être plus complaisant. Voici maintenant le passage du Père Jérôme :

Pour ce qui regarde les Iles de Saint-Pierre et Miquelon, elles eurent d'abord, comme Terre-Neuve, des prêtres séculiers ; mais l'évêque de Québec, ayant eu des raisons pour n'être pas content d'eux, les renvoya en France, vers 1685, et les remplaça par des Récollets.

En 1687, il y avait dans cette colonie, 7 églises : une au fort de Plaisance, (Terre-Neuve) ; une seconde dans la ville même de Plaisance ; une troisième à la Pointe-Verte ; une quatrième au Petit-Plaisance ; une cinquième à Sainte-Marie (Terre-Neuve) ; une sixième à Saint-Pierre, et la septième à Miquelon.

Vers 1700, ces missionnaires, ayant eu des démêlés avec l'administration, quittèrent cette colonie, pour retourner à Québec. Comme les appointements n'étaient alors que de 150 à 300 livres, il était impossible de trouver des prêtres séculiers pour le service si pénible de ces stations religieuses. On eut donc recours aux Récollets de la Province de Bretagne. En 1701, ils vinrent au nombre de trois, reprendre les travaux abandonnés par leurs confrères de Québec.

Le Père Antoine fixa sa résidence à Saint-Pierre et fut chargé du soin des habitants de Saint-Pierre et de ceux de Miquelon. L'un de ces Récollets recevait de l'évêque de Québec les pouvoirs de Vicaire-Général.

Combien je regrette l'absence de références aux sources où l'annaliste a puisé ses renseignements ! Dans la mesure où cette lacune permet qu'on y arrête son attention, ce passage du R. Père est tout à fait suggestif de faits nouveaux.

Ainsi, *vers* 1685, l'évêque de Québec aurait confié aux Récollets les Iles Saint-Pierre. Il ne peut s'agir que de Mgr de Saint-Vallier, et cet acte serait de sa part très plausible. On sait, en effet, que lors de son premier voyage au Canada, en 1685, il voulut se rendre agréable aux religieux, aux Récollets particulièrement, en vue de la politique nouvelle qu'il allait adopter pour le service des paroisses et des missions ; il lui fallait s'appuyer sur les corps religieux. Mais supposée la dévolution des Iles Saint-Pierre aux Récollets vers 1685, il reste au moins douteux qu'ils s'y soient établis si tôt.

Le R. P. Jérôme écrit qu'il y avait en 1687, dans la colonie de Terre-Neuve — y compris les îles Saint-Pierre, — sept églises. L'assertion a certes une portée considérable, et elle n'est pas dépourvue de quelque plausibilité.

Si l'on veut bien se rapporter à la teneur de l'« Ordre du Roy », cité en note au début de cette étude, par lequel Sa Majesté ordonne en 1688 le passage d'ecclésiastiques à Terre-Neuve, on remarquera que l'évêque les y envoie pour le service *des cures* de la dite Ile.

En outre, dans ses lettres-patentes, accordant la paroisse et le fort de Plaisance aux Récollets, en 1689, Mgr de Saint-Valier est très explicite : il leur confie ces postes, sans aucune mention du service des autres lieux de l'Ile, où il y avait pourtant des habitants à desservir.

Ce fait est réellement curieux. Il ne faudrait toutefois pas se hâter de conclure à l'existence dans l'Ile de Terre-Neuve, en 1687, d'églises avec des missionnaires résidents. L'état de la population établie par le recensement de 1691—en 1687 la situation devait être sensiblement, pour ne pas dire exactement la même — enlève à cette conclusion, semble-t-il, toute probabilité. Voici ce recensement :

RECENSEMENT DE 1691

Hommes	Femmes	Enfants mâles	Filles	Armes
		Plaisance		
17	14	31	21	43
		Pointe-Verte		
3	2	5	4	7
		Petit Plaisance		
4	2	2	2	10
		Iles Saint-Pierre		
13	5	3	3	0
		Lissardie		
2	1			
		Baie de Fortune		
3	2	1	1	0
		Grand Banc		
4	1	1	1	0
		Havre Bertrand		
				0
		A l'Hermitage		
1	0	0	0	0

(Signé) PASTOUR.

Si nous tenons compte que ces endroits étaient des stations de pêche où, du printemps à l'automne, la population se grossissait de quelques centaines de pêcheurs, il n'est pas improbable qu'il y eût alors quelques prêtres pour le service de ce monde. Etaient-ce des aumôniers venus avec les navires et retournant en France avec eux ? Oui, sans doute. Mais, dans cette hypothèse même, des églises—des chapelles plutôt—auraient eu leur raison d'être, non pour les gens résidents, mais pour les pêcheurs. *Sub judice lis est.*

A ce post-scriptum déjà bien long, j'ajouterai encore, pour l'avantage de ceux qui voudront écrire sur l'histoire religieuse de Terre-

Neuve d'avant les Récollets, le passage suivant d'une lettre de la Mère Marie de l'Incarnation. Elle écrit à son fils, le 6 novembre 1662 :

M. de Monts......gentilhomme que sa Majesté envoie pour reconnaitre le pays......a pris posssession en chemin du fort de Plaisance aux Terres-Neuves, où il y a pêcherie de morues dans un détour, à six cents lieues de France et dont les Anglais ou les Hollandais voulaient se rendre les maîtres. Il y a laissé trente hommes de guerre pour le garder, *avec un ecclésiastique* et des vivres pour l'hiver. " [1]

[1] *Lettres de la révérende Mère Marie de l'Incarnation*, édition Richaudeau, II, p, 224-

www.ingramcontent.com/pod-product-compliance
Lightning Source LLC
Chambersburg PA
CBHW061817060726
47597CB00008B/3233